ANNALES DU MUSÉE GUIMET

# REVUE
DE
# L'HISTOIRE DES RELIGIONS

PUBLIÉE SOUS LA DIRECTION DE

## M. JEAN RÉVILLE

AVEC LE CONCOURS DE

MM. E. AMÉLINEAU, Aug. AUDOLLENT, A. BARTH, R. BASSET, A. BOUCHÉ-LECLERCQ, J.-B. CHABOT, E. CHAVANNES, P. DECHARME, E. DE FAYE, A. FOUCHER, Comte GOBLET D'ALVIELLA, I. GOLDZIHER, L. LÉGER, ISRAEL LÉVI, Sylvain LÉVI, G. MASPERO, Ed. MONTET, F. PICAVET, C. PIEPENBRING, Albert RÉVILLE, J. TOUTAIN, etc.

Secrétaire de la Rédaction : M. Paul ALPHANDÉRY.

---

F. PICAVET

## PLOTIN
ET LES MYSTÈRES D'ÉLEUSIS

---

**PARIS**
ERNEST LEROUX, ÉDITEUR
28, RUE BONAPARTE (VIᵉ)
—
1903

# PLOTIN
## ET LES MYSTÈRES D'ÉLEUSIS

# PLOTIN
## ET LES MYSTÈRES D'ÉLEUSIS

Les articles fort intéressants que M. Goblet d'Alviella a publiés récemment dans la *Revue de l'Histoire des Religions* complètent heureusement les travaux de Lenormant et Pottier, comme ceux de Foucart [1].

Avec M. Jean Réville [2], M. Goblet d'Alviella estime que les hiérophantes retrouvaient, dans les Mystères d'Éleusis, « ce qui était considéré de leur temps comme la sagesse suprême par la philosophie la mieux accréditée ». Puis il dit, en s'appuyant sur les témoignages de Chrysippe, de Cicéron, de Sénèque, de Plutarque, de saint Augustin et de Varron, que le stoïcisme y succéda au pythagorisme, plus ou moins modifié par les doctrines de l'Académie, dans le siècle qui précéda la conquête romaine.

Enfin il signale la substitution du néo-platonisme au stoïcisme : « En dehors même des œuvres orphiques de cette période, qui reflètent les idées et les tendances des Alexandrins, les écrits de Porphyre et de Proclus attestent suffisamment que le néo-platonisme était devenu la philosophie des Mystères. Maxime, Eunape, Julien, sans aucun doute Proclus

---

1) Lenormant a écrit l'article *Eleusinia* du dictionnaire Daremberg et Saglio ; Pottier l'a revu. Foucart a donné deux études : *Recherches sur l'origine et la nature des Mystères d'Éleusis* (Mém. de l'Acad. des Inscriptions, t. XXXV, 2ᵉ partie, Klincksieck, 1895) ; *Les Grands Mystères d'Éleusis, personnel, cérémonies* (même collection et même éditeur, 1900). — Les articles de M. Goblet d'Alviella ont paru en septembre-octobre, novembre-décembre 1902, janvier-février, mars-avril 1903.

2) *La Religion à Rome sous les Sévères*, p. 178.

étaient des initiés d'Éleusis, et la charge d'hiérophante, au
III° et au IV° siècle de notre ère, fut occupée plus d'une fois
par des philosophes néo-platoniciens. Jamais peut-être l'accord ne fut plus étroit entre la religion et la philosophie ».

Je voudrais indiquer brièvement comment Plotin, dont le
nom et les œuvres n'ont pas été rappelés, à notre connaissance, par ceux qui ont le mieux étudié les mystères d'Éleusis,
a substitué à l'interprétation stoïcienne celle qui a été acceptée par son école et par les partisans de l'hellénisme, puis
en tirer quelques conséquences qui ne semblent pas sans
valeur pour éclairer l'histoire du christianisme lui-même.

*
* *

La philosophie néo-platonicienne se présente d'abord
comme une initiation réservée à ceux qu'on en a jugés dignes :

« Hérennius, Origène et Plotin, écrit Porphyre dans la *Vie de Plotin*,
étaient convenus de tenir secrète la doctrine qu'ils avaient reçue d'Ammonius. Plotin observa cette convention. Hérennius fut le premier qui
la viola, ce qui fut imité par Origène. Ce dernier se borna à écrire un
livre *Sur les Démons*; et sous le règne de Gallien, il en fit un autre
pour prouver que *Le Roi est seul créateur* (ou *poète*). Plotin fut longtemps
sans rien écrire. Il se contentait d'enseigner de vive voix ce qu'il avait
appris d'Ammonius. Il passa de la sorte dix années entières à instruire
quelques disciples, sans rien mettre par écrit; mais comme il permettait qu'on lui fît des questions, il arrivait souvent que l'ordre manquait
dans son école et qu'il y avait des discussions oiseuses, ainsi que je l'ai
su d'Amélius... Plotin commença, la première année de Gallien, à écrire
sur quelques questions qui se présentèrent ».

Lors même que Plotin écrit, il ne s'adresse pas à tous; il
fait un choix entre ceux qui souhaiteraient devenir ses lecteurs,
comme entre ceux qui se présentent pour être ses auditeurs :

« La dixième année de Galien, dit Porphyre, qui est celle où je le
fréquentai pour la première fois, il avait écrit 21 livres *qui n'avaient
été communiqués qu'à un très petit nombre de personnes; on ne les
donnait pas facilement et il n'était pas aisé d'en prendre connaissance;*

*on ne les communiquait qu'avec précaution et après s'être assuré du jugement de ceux qui les recevaient*[1] ».

Enfin Plotin annonce par les jugements mêmes qu'il porte dans son école, l'estime qu'il fait des Mystères et l'importance qu'il leur attache :

« Un jour, écrit Porphyre, qu'à la fête de Platon je lisais un poème sur le *Mariage sacré*, quelqu'un dit que j'étais fou, parce qu'il y avait, dans cet ouvrage, de l'enthousiasme et du mysticisme. Plotin prit alors la parole et me dit d'une façon à être entendu de tout le monde : « Vous « venez de nous prouver que vous êtes en même temps poète, philo- « sophe et *hiérophante*[2] ».

L'étude de l'œuvre révèle, chez Plotin, les mêmes préoccupations et nous explique comment, en prenant pour point de départ les cérémonies, les pratiques et les formules des Mystères, il y a fait entrer sa philosophie tout entière. Mais pour que cela apparaisse nettement, il faut la parcourir, en suivant l'ordre chronologique de la composition et non l'ordre arbitraire que lui a imposé Porphyre[3].

Dans le livre sur le Beau, que Plotin écrivit le premier et qui est, pour les éditions porphyriennes, le sixième de la première Ennéade, se trouvent, pour ainsi dire, le plan et le but de l'œuvre tout entière. Plotin entreprend de montrer comment, par la vue du Beau, on peut purifier l'âme, la séparer du corps, puis s'élever du monde sensible au monde intelli-

---

1) Γράψας εὑρίσκεται εἴκοσι καὶ ἓν βιβλίον, ἃ καὶ κατείληφα ἐκδεδομένα ὀλίγοις· οὐδὲ γὰρ ἦν πω ῥᾳδία ἡ ἔκδοσις οὐδὲ εὐσυνειδήτως ἐγίγνετο οὐδ' ἁπλῶς κἀκ τοῦ ῥᾴστου, ἀλλὰ μετὰ πάσης κρίσεως τῶν λαμβανόντων (*de Vita Plotini*, § 4). La traduction française est prise à Bouillet et à Eugène Lévêque, *Les Ennéades de Plotin*, 3 vol. Paris, Hachette, dont on ne saurait trop recommander la lecture aux historiens des religions comme des philosophies.

2) Ἐκεῖνος εἰς ἐπήκοον ἔφη πάντων · « Ἔδειξας ὁμοῦ καὶ τὸν ποιητὴν καὶ τὸν φιλόσοφον καὶ τὸν ἱεροφάντην » (*de Vita Plotini*, § 15).

3) Porphyre (*Vie de Plotin*, §§ 4, 5, 6) donne la liste chronologique des 54 livres dans son édition; il (§ 24) les a partagés en six Ennéades, en l'honneur des nombres parfaits *six* et *neuf*. Il a réuni dans chaque Ennéade les livres qui traitent de la même matière, mettant toujours en tête ceux qui sont les moins importants. Kirchhoff a édité (Leipzig, Teubner, 1856) les livres dans l'ordre chronologique.

gible et contempler le Bien qui est le principe du Beau. Par le vice, par l'ignorance, l'âme s'éloigne de son essence et tombe dans la fange de la matière; par la vertu, par la science, elle se purifie des souillures qu'elle avait contractées dans son alliance avec le corps et elle s'élève à l'intelligence divine, de laquelle elle tient toute sa beauté.

Dès ce premier livre, Plotin fait intervenir à trois reprises les Mystères pour en expliquer l'institution, les rites, les pratiques et en esquisser l'interprétation :

« Ainsi (§ 6), comme le dit une antique maxime, le courage, la tempérance, toutes les vertus, la prudence même ne sont qu'une purification. C'est donc avec sagesse qu'on enseigne, dans les Mystères, que l'homme qui n'aura pas été purifié séjournera, dans les enfers, au fond d'un bourbier, parce que tout ce qui n'est pas pur se complaît dans la fange par sa perversité même : c'est ainsi que nous voyons les pourceaux immondes se vautrer dans la fange avec délices[1] ».

Qu'il s'agisse bien, dans ce passage, des Mystères d'Éleusis, c'est ce que prouve le texte de Platon auquel Plotin fait allusion : « Musée et son fils Eumolpe, dit Platon, attribuent aux justes de magnifiques récompenses. Ils les conduisent, après la mort, dans la demeure d'Hadès et les font asseoir, couronnés de fleurs, au banquet des hommes vertueux, où ils passent leur temps dans une éternelle ivresse. Quant aux méchants et aux impies, ils les croient relégués aux enfers, plongés dans un bourbier et condamnés à porter l'eau dans un crible »[2].

Dans le paragraphe suivant (§ 7), Plotin continuant à développer sa pensée, dit que, pour atteindre le Bien et s'unir à lui, l'âme doit se dépouiller du corps, comme dans les Mystères s'avancent entièrement nus ceux qui, purifiés, sont admis à pénétrer dans le sanctuaire :

---

1) Ἔστι γὰρ δή, ὡς ὁ παλαιὸς λόγος, καὶ ἡ σωφροσύνη καὶ ἡ ἀνδρεία καὶ πᾶσα ἀρετὴ κάθαρσις καὶ ἡ φρόνησις αὐτή · διὸ καὶ αἱ τελεταὶ ὀρθῶς αἰνίττονται τὸν μὴ κεκαθαρμένον καὶ εἰς ᾅδου κείσεσθαι ἐν βορβόρῳ, ὅτι τὸ μὴ καθαρὸν βορβόρῳ διὰ κάκην φίλον · (I. 6, p. 55).

2) Πολιτείας β' p. 363, C. D... τοὺς δὲ ἀνοσίους αὖ καὶ ἀδίκους εἰς πηλόν τινα κατορύττουσιν ἐν Ἅιδου καὶ κοσκίνῳ ὕδωρ ἀναγκάζουσι φέρειν.

« Il nous reste maintenant à remonter au Bien auquel toute âme aspire [1]. Quiconque l'a vu, connaît ce qui me reste à dire, sait quelle est la beauté du Bien. En effet le Bien est désirable par lui-même ; il est le but de nos désirs. Pour l'atteindre, il faut nous élever vers les régions supérieures, nous tourner vers elles et nous dépouiller du vêtement que nous avons revêtu en descendant ici-bas, comme, dans les mystères ceux qui sont admis à pénétrer au fond du sanctuaire, après s'être purifiés, dépouillent tout vêtement et s'avancent complètement nus. »

Au paragraphe suivant, Plotin substitue son idéal de l'homme sage et heureux à celui des Stoïciens et indique plus clairement encore son intention de remplacer leur interprétation allégorique des Mystères par celle qu'il puisera dans sa propre doctrine. Celui qui est malheureux, dit-il d'abord, ce n'est pas celui qui ne possède ni de belles couleurs, ni de beaux corps, ni la puissance, ni la domination, ni la royauté, mais celui-là seul qui se voit exclu uniquement de la possession de la Beauté, possession au prix de laquelle il faut dédaigner les royautés, la domination de la terre entière, de la mer, du ciel même, si l'on peut, en abandonnant et en méprisant tout cela, contempler la Beauté face à face. Puis il ajoute :

« Comment faut-il s'y prendre, que faut-il faire pour arriver à contempler cette Beauté ineffable qui, comme la divinité dans les Mystères, nous reste cachée au fond d'un sanctuaire et ne se montre pas au dehors, pour ne pas être aperçue des profanes ? Qu'il s'avance dans ce sanctuaire, qu'il y pénètre celui qui en a la force, en fermant les yeux au spectacle des choses terrestres et sans jeter un regard en arrière sur les corps dont les grâces le charmaient jadis [2]. »

Le livre que Plotin a écrit le 9° et qui porte sur le Bien et

---

1) I, 6, § 7. Ἀναβατέον οὖν πάλιν ἐπὶ τὸ ἀγαθόν, οὗ ὀρέγεται πᾶσα ψυχή · εἴ τις οὖν εἶδεν αὐτό οἶδεν ὃ λέγω, ὅπως καλόν · ἐφετὸν μὲν γὰρ ὡς ἀγαθὸν καὶ ἡ ἔφεσις πρὸς τοῦτο, τεῦξις δὲ αὐτοῦ ἀναβαίνουσι πρὸς τὸ ἄνω καὶ ἐπιστραφεῖσι καὶ ἀποδυομένους, ἃ καταβαίνοντες ἠμφιέσμεθα · οἷον ἐπὶ τὰ ἅγια τῶν ἱερῶν τοῖς ἀνιοῦσι καθάρσεις τε καὶ ἱματίων ἀποθέσεις, τῶν πρὶν καὶ τὸ γυμνοῖς ἀνιέναι ·

2) I, 6, § 8. Τίς οὖν ὁ τρόπος; τίς μηχανή; πῶς τις θεάσεται κάλλος ἀμήχανον οἷον ἔνδον ἐν ἁγίοις ἱεροῖς μένον οὐδὲ προϊὸν εἰς τὸ ἔξω, ἵνα τις καὶ βέβηλος ἴδῃ; ἴτω δὴ καὶ συνεπέσθω εἰς τὸ εἴσω ὁ δυνάμενος ἔξω καταλιπὼν ὄψιν ὀμμάτων μηδ' ἐπιστρέφων αὐτὸν εἰς τὰς προτέρας ἀγλαΐας σωμάτων.

l'Un, a paru d'une importance extrême à Porphyre, qui l'a placé le 9ᵉ dans la VIᵉ Ennéade, c'est-à-dire le dernier de toute son édition. En fait c'est un de ceux qu'on étudie avec le plus grand profit, quand on cherche à saisir rapidement, dans ses traits essentiels, la philosophie néoplatonicienne. Plotin y traite d'abord de l'Un qu'il distingue de l'Intelligence et de l'Être ; qu'on ne saisit, ni par la science, ni par la pensée ; qui est le principe parfaitement simple de tous les êtres, indivisible, infini, absolu, le Bien considéré d'une manière tout à fait transcendante. Puis Plotin affirme que nous pouvons nous unir à l'Un et que cette union, momentanée dans notre existence actuelle, est appelée à être permanente, peut-être définitive. Être uni à Dieu, c'est notre vie véritable. Et nous sommes en état de nous unir à lui, d'un côté, parce qu'il est présent à tous les êtres, de l'autre, parce qu'il nous suffit pour cela de faire disparaître en nous toute différence. Cette union, qui est la vie des dieux, des hommes divins et bienheureux, constitue un état ineffable, extase, simplification, don de soi, etc. Si l'âme ne peut la maintenir, c'est qu'elle n'est pas encore tout à fait détachée des choses d'ici-bas, qu'elle ne s'est pas encore identifiée à l'Un.

En somme, ce livre est bien caractéristique de l'époque théologique ou médiévale¹, puisqu'il est tout entier employé à déterminer ce qu'est la première hypostase ou le Dieu suprême, et de quelle manière nous arrivons à nous attacher à lui et à atteindre ainsi la vie bienheureuse.

Or Plotin y fait deux choses également significatives au point de vue qui nous occupe. On sait que la formule célèbre attribuée à saint Paul — c'est en Dieu que nous vivons, que nous sommes et que nous nous mouvons² — rattachée par l'apôtre lui-même aux doctrines stoïciennes, a trouvé dans ce livre de Plotin, une interprétation toute spiritualiste qui, par saint Augustin et ses successeurs médiévistes, est passée à Bos-

---

1) Voir le *Moyen-Age* dans *Entre Camarades*, Paris, Alcan, et dans les *Mémoires de l'Académie des sciences morales et politiques*, 1901.
2) Actes, xvii, 27, 28; *Ennéades*, VI, 9, § 9. Voyez Bouillet, III, p. 557 sqq.

suet, à Malebranche et à Fénelon. Par ce côté, Plotin a donc grandement contribué à l'élaboration de la théologie chrétienne. Mais il a aussi, en cela même, travaillé à introduire sa philosophie dans les Mystères dont il offrait une explication moins matérialiste et plus satisfaisante pour les tendances religieuses de ses contemporains que celle de ses prédécesseurs les Stoïciens.

Il faut citer, en son entier, le § 11 qui termine l'édition de Porphyre et qui, en raison même des principes qui l'ont dirigé, lui paraît tenir une place considérable dans le système :

« *Certes c'est cela que veut montrer l'ordre des mystères, de ceux où il y a défense de produire au dehors, pour les hommes qui n'ont pas été initiés, ce qui y est enseigné* : comme le divin n'est pas de nature à être divulgué, il a été interdit de le montrer à celui à qui n'est pas échue la bonne fortune de le voir lui-même. Or puisqu'il n'y avait pas deux êtres, mais qu'il y en avait un, le voyant identique au vu, de façon qu'il n'y eût pas un être vu, mais un être unifié, celui qui serait devenu tel, s'il se souvenait du temps où il était uni au Bien, aurait en lui-même une image du Bien. Et il était un et n'avait en lui aucune différence, ni relativement à lui-même, ni relativement aux autres. Car rien de lui n'était mû ; en lui, revenu en haut, n'étaient présents ni appétit ni désir d'autre chose ; en lui, il n'y avait ni raison, ni pensée, quelle qu'elle soit, ni lui-même absolument, s'il faut dire aussi cela. Mais comme ayant été ravi ou porté en Dieu, il était constitué tranquillement dans une installation solitaire, ne s'écartant en aucune façon de son essence, qui est sans tremblement, ne se tournant pas vers lui-même, se tenant de toute façon en repos et étant devenu pour ainsi dire stabilité[1]. *Il ne s'occupe plus des choses belles, s'élevant déjà aussi au-dessus du beau, ayant dépassé déjà aussi le chœur des vertus, comme quelqu'un qui, ayant pénétré dans l'intérieur de l'impénétrable (du sanctuaire), laissant par derrière les statues qui sont dans le* ναός, *statues qui, pour celui qui sort du sanctuaire, sont de nouveau les premières, après le spectacle du dedans et la communication qu'il a eue là, non avec des statues ou des images, mais avec lui. Spectacles certes qui sont les se-*

---

1) L'emploi de ce mot στάσις est à noter chez Plotin. Il désigne une des cinq catégories du monde intelligible, c'est l'οὐσία à l'état de repos. Plotin en tire d'autres mots qui reviennent souvent et dont le sens n'est clair que si on les rapproche du simple, ὑπόστασις, ἀπόστασις, ἔκστασις.

*conds*. Et peut-être n'était-ce pas là un spectacle, mais un autre mode de vision, une extase et une simplification et un don de soi, et un désir de toucher et une stabilité et une pensée tout entière tournée vers l'harmonisation, si toutefois on contemple ce qui est dans le sanctuaire[1]. Mais s'il regarde autrement, rien ne lui est présent. *D'un côté donc, ces images ont été dites à mots couverts par les sages certes d'entre les prophètes pour indiquer de quelle manière ce Dieu est vu. De l'autre, le sage hiérophante, ayant pénétré l'énigme, ferait, étant venu, la contemplation véritable du sanctuaire. Et n'y étant pas venu, mais ayant pensé que le sanctuaire, celui-là qui est en question, est une chose invisible et une source et un principe, il saura qu'il voit un principe comme principe (ou le principe par excellence) et lorsqu'il y est venu avec lui, il sait qu'il voit aussi le semblable par le semblable, ne laissant en dehors de sa vue, rien des choses divines, de toutes celles que l'âme peut avoir. Et avant la contemplation, elle réclame ce qui reste à voir de la contemplation.*

Mais ce qui reste, pour celui qui s'est élevé au-dessus de toutes choses, c'est ce qui est avant toutes choses. Car certes, ce n'est pas au non-être absolument qu'ira la nature de l'âme ; mais, d'un côté, étant allée en bas, elle viendra dans le mal et ainsi vers le non-être, non toutefois vers le non-être qui le serait d'une façon achevée. De l'autre, ayant parcouru la voie contraire, elle viendra non à autre chose, mais à elle-même et ainsi n'étant pas dans autre chose, il n'en résulte pas qu'elle n'est dans aucune chose, mais qu'elle est en elle-même. Et celui qui est en elle-même seule, non dans l'être, est dans celui-là. Car il devient ainsi lui-même non quelque essence, mais supérieur à l'essence dans la mesure où il a commerce avec celui-là. Si donc quelqu'un se voit devenu cela, il a lui-même une image de celui-là et s'il passe au-dessus de lui-même, comme une image allant vers son archétype, il atteindra la fin de sa marche. Mais tombant et perdant cette vue, il éveillera de nouveau la vertu, celle qui est en lui-même, il s'observera lui-même, mis en ordre de toute façon ; il sera de nouveau allégé et il ira par la vertu vers l'Intelligence, par la sagesse vers Lui (le Bien ou l'Un). Et telle est la vie des Dieux, telle est la vie des hommes divins et ayant en eux un bon démon, détachement des autres choses, celles d'ici, vie non rendue

---

1) Tous ces termes employés pour désigner la vision de Dieu et l'union avec lui sont caractéristiques: οὐ θέαμα, ἀλλὰ ἄλλος τρόπος τοῦ ἰδεῖν, ἔκστασις καὶ ἅπλωσις καὶ ἐπίδοσις αὑτοῦ καὶ ἔφεσις πρὸς ἁφὴν καὶ στάσις καὶ περινόησις πρὸς ἐφαρμογήν... Les mystiques des siècles suivants, chrétiens ou musulmans, ont choisi l'un ou l'autre de ces termes, qui impliquent des procédés différents : tous relèvent ainsi de Plotin et de son école.

agréable par les choses d'ici, fuite de celui qui est seul vers celui qui est seul[1] ».

Ainsi Plotin débute par rappeler la défense qui est faite dans les Mystères d'en dévoiler le secret aux hommes qui n'ont pas été initiés. On sait qu'il y a interdiction absolue, quoi qu'en ait pensé M. Alfred Maury, de révéler aux profanes les actes ou les paroles qui constituaient les secrets (τὰ ἀπόρρητα) de l'initiation. Lenormant et Pottier, Foucart et Goblet d'Alviella sont absolument d'accord sur ce point[2]. Mais Plotin explique cette défense par une raison philosophique : c'est que « le divin n'est pas de nature à être divulgué, c'est, comme le disait déjà Platon dans un passage du *Timée* souvent reproduit par Plotin, « que si c'est une grande affaire de découvrir l'auteur et le père de cet univers, il est impossible, après l'avoir découvert, de le faire connaître à tous » (*Timée*, 28 C.). Et sur cette explication repose, outre l'interprétation des Mystères d'Éleusis, la constitution de la théologie négative qui, avec le Pseudo-Denys l'Aréopagite, prendra une place si grande dans le christianisme.

1) Nous avons essayé de traduire ce texte aussi littéralement que possible, la traduction de Bouillet ne nous ayant pas toujours paru suffisamment exacte. On peut consulter la traduction anglaise de Th. Taylor, *Select Works of Plotinus*, p. 468 et suivantes. Nous ne donnons du texte grec que les passages relatifs aux Mystères et dont la traduction est soulignée... τοῦτο δὴ ἐθέλον δηλοῦν τὸ τῶν μυστηρίων τῶνδε ἐπίταγμα, τὸ μὴ ἐκφέρειν εἰς μὴ μεμυημένους, ὡς οὐκ ἔκφορον ἐκεῖνο ὂν ἀπεῖπε δηλοῦν πρὸς ἄλλον τὸ θεῖον, ὅτῳ μὴ καὶ αὐτῷ ἰδεῖν εὐτύχηται.... οὐδὲ τῶν καλῶν, ἀλλὰ καὶ τὸ καλὸν ἤδη ὑπερθέων, ὑπερβὰς ἤδη καὶ τὸν τῶν ἀρετῶν χορόν, ὥσπερ τις εἰς τὸ εἴσω τοῦ ἀδύτου εἰσδὺς εἰς τοὐπίσω καταλιπὼν τὰ ἐν τῷ ναῷ ἀγάλματα, ἃ ἐξελθόντι τοῦ ἀδύτου πάλιν γίνεται πρῶτα μετὰ τὸ ἔνδον θέαμα καὶ τὴν ἐκεῖ συνουσίαν πρὸς οὐκ ἄγαλμα οὐδ' εἰκόνα, ἀλλ' αὐτό· ..... ταῦτα μὲν οὖν μιμήματα, καὶ τοῖς οὖν σοφοῖς τῶν προφητῶν αἰνίττεται, ὅπως θεὸς ἐκεῖνος ὁρᾶται · σοφὸς δὲ ἱερεὺς τὸ αἴνιγμα συνιεὶς ἀληθινὴν ἂν ποιοῖτο ἐκεῖ γενόμενος τοῦ ἀδύτου τὴν θέαν · καὶ μὴ γενόμενος δὲ τὸ ἄδυτον τοῦτο ἀόρατόν τι χρῆμα νομίσας καὶ πηγὴν καὶ ἀρχὴν εἰδήσει, ὡς ἀρχῇ ἀρχὴν ὁρᾷ.....

2) Les uns rappellent la peine de mort portée contre toute profanation des mystères et la condamnation à mort, par contumace, d'Alcibiade. Le dernier écrit (1er article, p. 174, n° 1) : « Les Grecs eux-mêmes font venir μυστήρια de μύω (clore la bouche). En réalité, la célébration des mystères pouvait comprendre certaines cérémonies publiques, mais leur élément essentiel n'en restait pas moins le secret, avec sa conséquence nécessaire, l'initiation ».

Plotin rappelle ensuite le rôle du hiérophante, en ce qui concerne la communication aux initiés des objets touchant de très près aux divinités des Mystères, probablement même leurs effigies (τὰ δεικνύμενα). Ces statues ou attributs différaient des attributs et des représentations exposées en dehors du péribole ; elles étaient enfermées dans un sanctuaire (μέγαρον, ἀνάκτορον) où le hiérophante pénétrait seul. Elles en sortaient pour la fête des Mystères : sous la garde des Eumolpides, elles étaient transportées à Athènes, mais voilées et cachées aux regards des profanes. Pendant l'une des nuits de l'initiation, les portes du sanctuaire s'ouvraient et le hiérophante, en grand costume, montrait aux mystes assemblés dans le τελεστήριον les ἱερά éclairés par une lumière éclatante. De là même venait son nom d'hiérophante (ὁ ἱερὰ φαίνων). Pour Plotin, ce sanctuaire — qui rappelle peut-être aussi le Saint des Saints des Hébreux[1] — et ce qu'il contient figurent l'Un ou le Bien, l'hypostase suprême avec laquelle nous devons chercher à nous unir ; les statues qui sont dans le ναός représentent, comme il l'indiquera ailleurs, l'Ame et l'Intelligence, la troisième et la seconde hypostase, avec lesquelles il faut s'unir pour atteindre le Bien. Enfin, pour lui, celui qui arrive aux sanctuaires a dépassé le chœur des vertus, idéal des Stoïciens, comme son interprétation dépasse celle qui par les Stoïciens avait été longtemps acceptée pour les Mystères.

Bouillet dit (t. III, p. 564) que ce magnifique morceau de Plotin est assurément ce que l'antiquité nous a laissé de plus beau sur les vérités religieuses enseignées dans les Mystères d'Éleusis. Il convient de modifier cette formule ; nous voyons, dans ce passage, la manière dont l'école néo-platonicienne propage sa doctrine parmi les partisans des Mystères et comment, lorsque les Mystères ont disparu, elle l'a laissée à ceux mêmes qui l'avaient combattue, parce qu'elle restait, en

---

1) Il faut se souvenir que Philon, par Numénius, comme le signale Porphyre dans la *Vie de Plotin*, a agi sur Plotin, tout en se gardant de ne voir en lui qu'un disciple fidèle de l'un et de l'autre.

plus d'un point, l'expression la plus parfaite des conceptions chères à toute la période théologique, qui s'étend de Philon à Galilée et à Descartes.

Le livre qui traite des trois hypostases principales, le dixième dans l'ordre chronologique, le premier de la cinquième Ennéade chez Porphyre, développe ou complète les doctrines que nous avons signalées dans le livre sur l'Un ou le Bien. L'âme voit qu'elle a une affinité étroite avec les choses divines; elle se représente d'abord la grande âme, toujours entière et indivisible, pénétrant intimement le corps immense dont sa présence vivifie et embellit toutes les parties. Ensuite l'intelligence divine, parfaite, immuable, éternelle, qui renferme toutes les idées, et constitue l'archétype du monde sensible. Enfin, l'Un absolu, le principe suprême, le Père de l'Intelligence qui est son verbe, son acte et son image. C'est par la puissance que l'Intelligence reçoit de son principe, qu'elle possède en elle-même toutes les idées, comme le font entendre les Mystères et les mythes :

« Invoquons d'abord Dieu même, dit Plotin (§ 6), non en prononçant des paroles, mais en élevant notre âme jusqu'à lui par la prière; or la seule manière de le prier, c'est de nous avancer solitairement vers l'Un, qui est solitaire. Pour contempler l'Un, il faut se recueillir dans son for intérieur comme dans un temple et y demeurer tranquille, en extase, puis, considérer les statues qui sont pour ainsi dire placées dehors (l'Ame et l'Intelligence) et avant tout la statue qui brille au premier rang (l'Un), en la contemplant de la manière que sa nature exige[1]. »

Ainsi Plotin, parlant de l'âme du monde, en termes qui sont stoïciens et qui transforment le stoïcisme, montre comment il en fait une partie constitutive et, en une certaine mesure, secondaire, de son système. Puis il continue son interprétation des mystères, en identifiant avec l'âme et avec l'intelligence, les statues qui sont en dehors du sanctuaire.

---

1) V, 1, § 6. Ὧδε οὖν λεγέσθω θεόν αὐτὸν ἐπικαλεσαμένοις οὐ λόγῳ γεγωνῷ, ἀλλὰ τῇ ψυχῇ ἐκτείνασιν ἑαυτοὺς εἰς εὐχὴν πρὸς ἐκεῖνον, εὔχεσθαι τὸν τρόπον τοῦτον δυναμένους μόνους πρὸς μόνον · δεῖ τοίνυν θεατὴν ἐκείνου ἐν τῷ εἴσω οἷον νεῷ, ἐφ' ἑαυτοῦ ὄντος, μένοντος ἡσύχου ἐπέκεινα ἁπάντων, τὰ οἷον πρὸς τὰ ἔξω ἤδη ἀγάλματα ἐστῶτα, μᾶλλον δὲ ἄγαλμα τὸ πρῶτον ἐκφανὲν θεᾶσθαι πεφηνὸς τούτου τὸν τρόπον ·

On pourrait retrouver, dans la plupart des livres importants de Plotin, des allusions, directes ou indirectes, aux Mystères d'Éleusis. Il nous suffira d'en mentionner quelques-unes, puisque nous avons, dans les citations précédentes, une interprétation complète.

Le second livre sur l'Ame, le 28° dans l'ordre chronologique, le 4° de la 4° Ennéade dans l'édition de Porphyre, traite des âmes qui font usage de la mémoire et de l'imagination, des choses dont elles se souviennent. Il se demande si les âmes des astres et l'âme universelle ont besoin de la mémoire et du raisonnement ou si elles se bornent à contempler l'intelligence suprême. Il cherche quelles sont les différences intellectuelles entre l'âme universelle, les âmes des astres, l'âme de la terre et les âmes humaines, quelle est l'influence exercée par les astres et en quoi consiste la puissance de la magie. Bouillet signale, avec raison, un beau passage qui se termine par ces lignes: « Avant de sortir de la vie, l'homme sage connaît quel séjour l'attend nécessairement et l'espérance d'habiter un jour avec les dieux vient remplir sa vie de bonheur » (IV, 4, § 45). C'est, dit-il, le développement d'une pensée de Pindare : « Heureux qui a vu les mystères d'Éleusis, avant d'être mis sous terre ! Il connaît les fins de la vie et le commencement donné de Dieu ».

Ainsi dans son explication synthétique, Plotin fait entrer les poètes et les philosophes, tous ceux qui, avant lui, fournissent des éléments propres à figurer dans les constructions eschatologiques. Et comme le P. Thomassin[1] a encore au XVII° siècle, commenté ce paragraphe de Plotin, avec bien d'autres paragraphes d'ailleurs, nous pouvons conclure que les théories du néo-platonisme ont continué à inspirer les chrétiens.

Enfin dans le livre, qui est le 30° par l'ordre chronologique et le 8° de la 5° Ennéade, Plotin s'occupe de la beauté intelligible et fait figurer « toutes les essences dans le monde

---

1) *Dogmata philosophica*, I, p. 81. Voir Bouillet, II, p. 405.

intelligible, comme autant de *statues* qui sont visibles par elles-mêmes et dont le spectacle donne aux spectateurs une ineffable félicité ».

En résumé Plotin, dans les divers passages que nous avons rappelés, superpose sa philosophie à toutes les parties constitutives et essentielles des Mystères, de façon que tous ceux qui, préoccupés du divin, placent un monde intelligible au-dessus du monde sensible, substituent le principe de perfection aux principes de causalité et de contradiction, seront conduits à accepter son interprétation, s'ils conservent les Mystères ; à prendre pour eux ses doctrines, s'ils renoncent à tout ce qui rappelle la religion antique. Et il faut noter que Plotin se met, à cet égard, dans une position unique. Il pense bien moins à défendre les anciennes croyances qu'à faire accepter son système. S'il invoque les mythes, les Mystères ou même les croyances populaires, c'est surtout pour montrer qu'il les complète, et qu'il en donne l'explication la plus satisfaisante. Comme l'écrit Olympiodore, dans son *Commentaire sur le Phédon*, Plotin, Porphyre (cela est moins vrai pour celui-ci que pour son maître) attribuent le premier rang à la philosophie. Et il ajoute que d'autres, comme Jamblique, Syrianus et en général tous les hiératiques placent la religion avant la philosophie [1].

On peut dire en effet qu'après Plotin, les tendances sont religieuses, bien plus encore que théologiques et philosophiques : la lutte se poursuit, ardente, implacable entre les partisans de la religion hellénique et ceux du christianisme. Sauf Synésius, le Pseudo-Denys l'Aréopagite et Boèce, dont les doctrines philosophiques sont très nettement plotiniennes et néo-platoniciennes, tandis que leurs croyances ont pu les faire rattacher tantôt à l'une, tantôt à l'autre des deux religions, les philosophes de cette époque se prononcent pour le christianisme ou pour l'hellénisme. Aussi l'interprétation des Mystères sert-elle surtout à défendre, chez Jamblique et

---

1) Cousin, *Fragments de philosophie ancienne*, p. 410.

ses successeurs, la religion pour laquelle ils ont résolu de combattre. C'est ce qui apparaît manifestement chez le commentateur Thémistius, mort après 387, chez Olympiodore le jeune, le contemporain de Simplicius, comme chez Jamblique, Proclus ou l'auteur des *Mystères des Égyptiens* :

« La sagesse, écrit Thémistius, fruit de son génie et de son travail, Aristote l'avait recouverte d'obscurité et enveloppée de ténèbres, ne voulant ni en priver les bons, ni la jeter dans les carrefours; toi (mon père) tu as pris à part ceux qui en étaient dignes et pour eux tu as dissipé les ténèbres et mis à nu les statues. Le néophyte, qui venait de s'approcher des lieux saints, était saisi de vertige et frissonnait; triste et dénué de secours, il ne savait ni suivre la trace de ceux qui l'avaient précédé, ni s'attacher à rien qui pût le guider et le conduire dans l'intérieur : tu vins alors t'offrir comme hiérophante, tu ouvris la porte du vestibule du temple, tu disposas les draperies de la statue, tu l'ornas, tu la polis de toutes parts, et tu la montras à l'initié toute brillante et toute resplendissante d'un éclat divin, et le nuage épais qui couvrait ses yeux se dissipa; et du sein des profondeurs sortit l'intelligence, toute pleine d'éclat et de splendeur, après avoir été enveloppée d'obscurité; et *Aphrodite apparut à la clarté de la torche que tenait l'hiérophante, et les Grâces prirent part à l'initiation*[1] ».

« Dans les cérémonies saintes, dit de son côté Olympiodore, on commençait par les lustrations publiques; ensuite venaient les purifications plus secrètes ; à celles-ci succédaient les réunions ; puis les initiations elles-mêmes ; enfin les intuitions. Les vertus morales et politiques correspondent aux lustrations publiques; les vertus purificatives, qui nous dégagent du monde extérieur, aux purifications secrètes ; les vertus contemplatives, aux réunions; les mêmes vertus, dirigées vers l'unité, aux initiations; enfin l'intuition pure des idées à l'intuition mystique. Le but des mystères est de ramener les âmes à leur principe, à leur état primitif et *final, c'est-à-dire à la vie en Zeus dont elles sont descendues, avec Dionysios qui les y ramène. Ainsi l'initié habite avec les dieux, selon la portée des divinités qui président à l'initiation.* Il y a deux sortes d'initiations : les initiations de ce monde, qui sont pour ainsi dire préparatoires; et celles de l'autre, qui achèvent les premières[2] ».

M. Goblet d'Alviella, après avoir écrit, à propos de l'intro-

---

1) Thémistius, *Discours*, XX; *Éloge de son père*, ch. IV; Bouillet. III, p. 609.
2) Cousin, *Fragments de philosophie ancienne*; Olympiodore, *Commentaire sur le Phédon*, p. 448.

duction du néo-platonisme dans les Mystères, que « jamais peut-être l'accord ne fut plus étroit entre la religion et la philosophie » ajoute : « Mais ce fut le chant du cygne des Mystères comme du paganisme lui-même ». M. Jean Réville a, de son côté, pensé que les Mystères, en inculquant des doctrines peut-être aussi élevées que celles du Christianisme, ne firent ainsi que précipiter leur défaite, que travailler pour l'Évangile. « Du jour, dit en terminant M. Goblet d'Aviella, où à Alexandrie, une fraction des néo-platoniciens passa avec armes et bagages dans le camp de l'Église naissante, la chute du paganisme ne fut plus qu'une question d'années ».

Il faut distinguer, ce semble, entre le plotinisme et la religion hellénique. La ruine de celle-ci semble avoir été avant tout la conséquence de luttes politiques où la violence eut infiniment plus de part que les convictions philosophiques. Ainsi Constantin place la croix sur le labarum, permet aux chrétiens d'exercer librement leur culte par l'édit de Milan en 313, les favorise ouvertement, préside un concile, construit une église chrétienne à Constantinople et porte à son casque un clou de la vraie croix; mais il reste Grand Pontife, il laisse représenter le Dieu-Soleil sur les monnaies, édifie à Constantinople un temple de la Victoire et ne se fait baptiser qu'au moment de sa mort. De même en ce qui concerne le sanctuaire d'Éleusis, M. Goblet d'Alviella écrit : « En 396, les Goths reparurent en Afrique, conduits par Alaric; les moines qui avaient acquis assez d'influence sur l'envahisseur pour lui faire épargner Athènes, durent lui persuader aisément de se dédommager sur le sanctuaire des Bonnes Déesses, qui fut livré au pillage et à l'incendie ». Enfin, quand le mari de Théodora, Justinien, fermait en 529 les écoles d'Athènes où Simplicius et ses amis défendaient encore, avec le néo-platonisme, la religion hellénique, il semble bien qu'il ne songeait guère à faire triompher les « doctrines les plus élevées ».

Le néo-platonisme survécut à l'hellénisme. M. Goblet d'Alviella a montré l'influence des Mystères sur les gnostiques, sur les chrétiens qui font des emprunts à leur terminologie, qui distinguent des catéchumènes et des fidèles ; qui instituent des rites et des formules dont on ne doit pas donner connaissance aux non initiés ; qui ont des degrés d'initiation et qui utilisent, dans toutes les communautés fondées en terre païenne, comme on le voit par l'art des catacombes, les applications du symbolisme des Mystères ; qui s'en inspirent pour la cène et pour la messe, comme pour le développement de l'idée sacerdotale. Si donc l'interprétation de Plotin s'est jointe aux Mystères et si Plotin s'est attaché à développer une théologie, plutôt métaphysique que liée à la religion antique, il en résulte que son système fut transmis aux chrétiens en même temps que les Mystères.

En outre M. Goblet d'Alviella est d'accord avec Edwin Hatch, pour qui l'organisation et les rites des communautés chrétiennes en terre hellénique, avec Harnack, pour qui les dogmes dans leur conception et leur structure, sont l'œuvre de l'esprit grec sur le terrain de l'Évangile. Je crois qu'il est possible d'aller plus loin et d'être plus précis. Le Plotinisme a été la synthèse, d'un point de vue théologique et mystique, de la philosophie et de la pensée grecques, de celle même qui, avec Philon, tenta de concilier les Grecs et les Hébreux. Il constitue, pour cette raison et aussi à cause du génie de son auteur, la doctrine la plus complète, la mieux liée, la plus extensive et la plus exacte dans les détails qu'on puisse souhaiter quand on admet l'existence d'un monde intelligible, tiré par abstraction de l'analyse de l'âme, quand on prend pour règle de sa pensée et pour règle aussi des choses existantes, le principe de perfection, tout en s'efforçant de laisser aux principes de contradiction et de causalité, une place aussi grande que possible dans le monde sensible. Aussi a-t-il été la source où ont le plus souvent puisé tous les métaphysiciens et tous les théologiens qui ont placé, au premier rang de leurs préoccupations, l'existence, la nature de Dieu et l'immortalité de l'âme humaine. Mais comme la doctrine philosophique des néoplatoniciens qui continuèrent Plotin fut souvent unie à des croyances opposées au christianisme, comme elle suivit celle du maître, et n'en fut pas toujours distinguée, elle fut plus d'une fois mise à contribution par les hétérodoxes. De telle sorte que le néo-platonisme a alimenté toute la spéculation des dogmatiques et des mystiques du moyen âge, qu'ils se réclament ou non de l'orthodoxie. Il faudrait plusieurs volumes pour l'établir, pour montrer qu'il constitue, bien plus que l'aristotélisme, le facteur le plus important, en dehors de l'Ancien et du Nouveau Testament, au sens large du mot, comme du Coran lui-même, auquel il convient de rapporter l'institution des doctrines médiévales. Qu'il nous suffise de rappeler les noms d'Origène, qui semble bien avoir été le condisciple de Plotin, des trois lumières de l'Église de Cappadoce, saint Basile, saint Grégoire de Nysse, saint Grégoire de Nazianze, de saint Cyrille, l'adversaire d'Hypatie, qui combat Julien avec Plotin, de saint Augustin[1], du pseudo-Denys l'Aréopagite et de Boèce, de Jean Scot Érigène et de saint Anselme, des Victorins et d'Avicebron, de Maimonide et d'Averroès, des Amauriciens, de saint Thomas et des mystiques allemands, de Descartes, de Spinoza, de Malebranche, de Bossuet, de Thomassin, de Fénelon et de Leibnitz. L'examen des textes, empruntés à la plupart d'entre eux, que Bouillet rapproche de ceux de Plotin et de ses continuateurs, nous permettrait, sans même procéder à une recension exacte, de conclure une fois de plus que l'on ne peut comprendre la spéculation théologico-métaphysique et mystique du moyen-âge, si l'on n'y fait rentrer Plotin et son école[2].

1) Voir le travail préparé à notre conférence des Hautes Études par M. Grandgeorge sur *Saint Augustin et le Néo-platonisme* (Bibliothèque des Hautes Études, section des sciences religieuses).

2) Voir le Moyen-Age, Caractéristique théologico-métaphysique dans *Entre Camarades*, Paris, Alcan, 1901, et dans *Mémoires de l'Académie des sc. m. et pol.*, 1901. Voir aussi *La valeur de la scolastique* dans Bibliothèque du *Congrès international* de Philosophie, IV, Paris, Colin.

Angers. — Imp. A. Burdin et Cie, rue Garnier, 4.

ERNEST LEROUX, Éditeur, rue Bonaparte, VI°

# ANNALES DU MUSÉE GUIMET
## BIBLIOTHÈQUE D'ÉTUDES
#### SÉRIE IN-8°

- LE RIG-VÉDA et les origines de la mythologie indo-européenne, par Paul REGNAUD. Première partie. In-8. . . . . . . . . . . . 12 fr.
- LES LOIS DE MANOU, traduites par STREHLY. In-8. . . . . . . . 12 fr.
- III. — COFFRE A TRÉSOR ATTRIBUÉ AU SHOGOUN IYÉ-YOSHI (1838-1853). Étude héraldique et historique, par L. DE MILLOUÉ et S. KAWAMOURA. In-8. figures . . . . . . . . . . . . . . . . . . . . . . 10 fr.
- IV. — RECHERCHES SUR LE BOUDDHISME, par MINAYEFF, traduit du russe par ASSIER DE POMPIGNAN. Introduction par Em. SENART, de l'Institut. In-8. 10 fr.
- V. — VOYAGE DANS LE LAOS, par Étienne AYMONIER. Première partie. In-8, avec 32 cartes. . . . . . . . . . . . . . . . . . . . 16 fr.
- VI. — Seconde partie. In-8, 22 cartes. . . . . . . . . . . 16 fr.
- VII. — LES PARSIS. Histoire des communautés zoroastriennes, par D. MENANT. Introduction de J. MENANT, de l'Institut. 1re partie. In-8, fig. et 21 pl. 20 fr.
    Couronné par l'Académie Française. — Prix Marcellin Guérin.
- VIII. — SI-DO-IN-DZOU. Gestes de l'officiant dans les cérémonies mystiques des sectes Tendaï et Singon (Bouddhisme japonais), d'après le commentaire de M. HORIOU-TOKI, supérieur du temple de Mitaui-Dji. Traduit du japonais par S. KAWAMOURA. Introduction et annotation, par L. DE MILLOUÉ. In-8, 18 planches et reproduction fac-similé du texte . . . . . . . 15 fr.
- IX. — LA VIE FUTURE, d'après le mazdéisme, à la lumière des croyances parallèles dans les autres religions. Etude d'eschatologie comparée, par NATHAN SŒDERBLOM. In-8 . . . . . . . . . . . . . . . 7 fr. 50
- X. — BOD-YOUL ou TIBET, par L. DE MILLOUÉ. In-8. (Sous presse.)
- XI-XII. — HISTOIRE DU BOUDDHISME DANS L'INDE, par H. KERN, professeur à l'Université de Leyde. Traduit du néerlandais par M. GÉDÉON HUET, sous-bibliothécaire à la Bibliothèque nationale. 2 vol. In-8. . . . . . 20 fr.
- XIII. — LE THÉATRE AU JAPON, ses rapports avec les cultes locaux, par A. BÉNAZET. In-8, illustré . . . . . . . . . . . . . . . . . 7 fr.
- XIV. — LE RITUEL DU CULTE DIVIN JOURNALIER EN ÉGYPTE, d'après les Papyrus de Berlin et les textes du temple de Séti Ier à Abydos, par Alexandre MORET. In-8 . . . . . . . . . . . . . . . . . . . . . . 15 fr.

## BIBLIOTHÈQUE DE VULGARISATION
#### SÉRIE DE VOLUMES IN-18 A 3 fr. 50

I. — LES MOINES ÉGYPTIENS, par E. AMÉLINEAU. Illustré.
II. — PRÉCIS DE L'HISTOIRE DES RELIGIONS. — Première partie : Religions de l'Inde, par L. DE MILLOUÉ. Illustré de 21 planches.
III. — LES HÉTÉENS. — Histoire d'un Empire oublié, par H. SAYCE. Traduit de l'anglais, avec préface et appendices, par J. MENANT, de l'Institut. Illustré de 4 planches et de 15 dessins dans le texte.
IV. — LES SYMBOLES, LES EMBLÈMES ET LES ACCESSOIRES DU CULTE CHEZ LES ANNAMITES, par G. DUMOUTIER. In-18, illustré de 35 dessins annamites.
V. — LES YÉZIDIS. Les adorateurs du diable, par J. MENANT, de l'Institut. Illustré.
VI. — LE CULTE DES MORTS dans l'Annam et dans l'Extrême-Orient, par le lieutenant-colonel BOUINAIS et PAULUS. In-18.
VII. — RESUME DE L'HISTOIRE DE L'EGYPTE, par E. AMÉLINEAU. In-18.
VIII. — LE BOIS SEC REFLEURI, roman coréen, traduit en français par HONG TJYONG-OU. In-18.
IX. — LA SAGA DE NIAL, traduite en français pour la première fois par R. DARESTE, de l'Institut, conseiller à la Cour de Cassation.
X. — LES CASTES DANS L'INDE. Les faits et le système, par Em. SENART, de l'Institut.
XI. — INTRODUCTION A LA PHILOSOPHIE VEDANTA. Trois conférences faites à l'Institut Royal en mars 1894, par F. MAX MÜLLER, membre de l'Institut. Traduit de l'anglais, avec autorisation de l'auteur, par M. LÉON SORG.
XII. — CONFERENCES AU MUSÉE GUIMET, par L. DE MILLOUÉ, (1892-1899). Préface par EM. GUIMET.

## ERNEST LEROUX, ÉDITEUR
### 28, RUE BONAPARTE, VI<sup>e</sup>

---

### PUBLICATIONS DU MINISTÈRE DE L'INSTRUCTION PUBLIQUE

## LES MÉDAILLEURS FRANÇAIS
#### DU XV<sup>e</sup> SIÈCLE AU MILIEU DU XVIII<sup>e</sup>
#### Par F. MAZEROLLE

Deux volumes in-4º . . . . . . . . . . . . . . . . . . . . . . . 32 fr.

I. Introduction et documents. — II. Catalogue des médailles et des jetons

---

### BIBLIOTHÈQUE ÉGYPTOLOGIQUE
### TOME X

## ŒUVRES DE F. CHABAS
#### Publiées par G. MASPERO, de l'Institut

TOME II. In-8, figures et planches. . . . . . . . . . . . . . . 15 fr.

---

## ESSAI DE GRAMMAIRE MALGACHE
#### Par GABRIEL FERRAND
##### VICE-CONSUL DE FRANCE

Un volume in-18 . . . . . . . . . . . . . . . . . . . . . . . . 6 fr.

---

### SERVICE DES ANTIQUITÉS DE L'ÉGYPTE

#### CATALOGUE GÉNÉRAL DU MUSÉE DU CAIRE
#### N<sup>os</sup> 20001 — 20780

## GRAB UND DENKSTEINE DER MITTLEREN-REICHS
#### Von LANGE und SCHAEFFER

TOME IV. In-4, planches . . . . . . . . . . . . . . . . . . . 78 fr.

---

A. BARTH, de l'Institut. Bulletin des religions de l'Inde. IV-V. Jaïnisme, Hindouisme. In-8 . . . . . . . . . . . . . . . . . . . . . . 3 fr. 50

ADH. LECLÈRE. De la démoralisation des conquis par les conquérants et des conquérants par les conquis. In-18 . . . . . . . . . . . . 1 fr.

H. VIGNAUD. Toscanelli and Columbus. Letters to sir Clements R. Markham and R. Beazley. In-8 . . . . . . . . . . . . . . . . . 1 fr.

LUCIEN DE ROSNY. Recherches ethnographiques sur les sormeits. In-8. (Quelques exemplaires seulement) . . . . . . . . . . . . . 12 fr. 50

D. MARCERON. Bibliographie du Taoïsme. In-8 (Quelques exemplaires seulement) . . . . . . . . . . . . . . . . . . . . . . . . . 10 fr.

---

Angers. — Imp. orientale A. Burdin et C<sup>ie</sup>.

www.ingramcontent.com/pod-product-compliance
Lightning Source LLC
Chambersburg PA
CBHW071434060426
42450CB00009BA/2179